Urlaub im Schilderwald

Langenscheidt

Berlin · München · Wien · Zürich
London · Madrid · New York · Warschau

URLAUB IM SCHILDERWALD

MIT TEXTEN VON TITUS ARNU

HERAUSGEGEBEN VON MONIKA SCHAFFRATH UND DER LANGENSCHEIDT-REDAKTION

Idee und Konzeption: Langenscheidt-Redaktion

Layout und Bildplatzierung: Dorothea Huber

Covergestaltung: Agentur Kopfbrand, München

Herzlichen Dank für die Unterstützung bei der Bildrecherche an

DIE ●WELT

© 2010 Langenscheidt KG, Berlin und München

Satz: Regg Media GmbH, München

Printed in Germany

ISBN 978-3-468-29888-2

www.langenscheidt.de

10010

INHALT

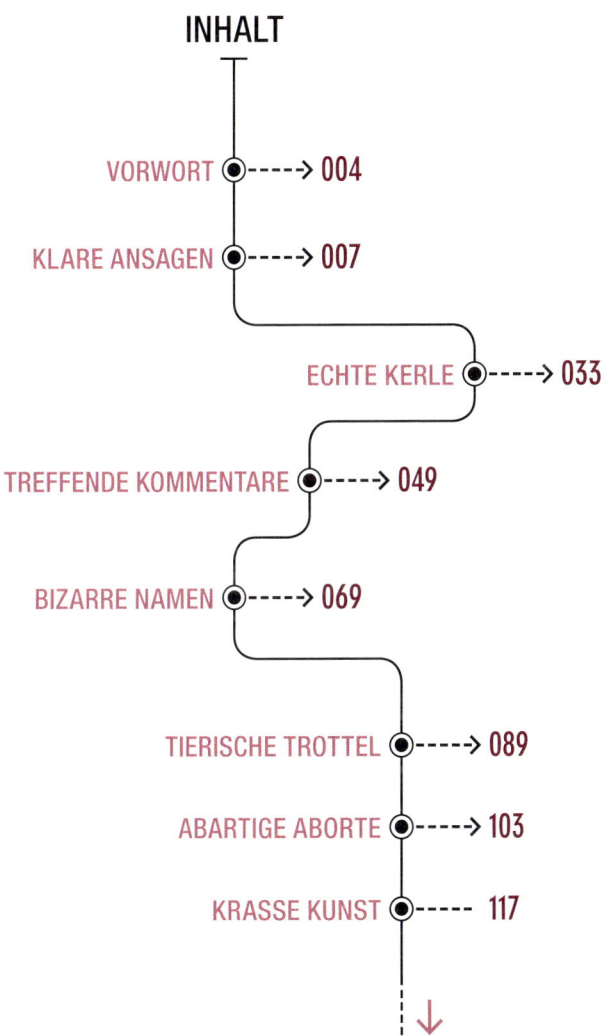

⊙⟶ VORWORT

Mehr als 20 Millionen Verkehrsschilder stehen an deutschen Straßen, im Durchschnitt alle 28 Meter eines. Die Straßenverkehrsordnung listet 648 Verkehrszeichen auf, die zu etwa 1800 Kombinationen zusammengestellt werden können. Dazu kommen rund vier Millionen Wegweiser und ungezählte Werbe- und Hinweistafeln.

Der ADAC kämpft eisern gegen die Überschilderung des Landes. Seit Jahren gibt es Aktionen, um den wild wuchernden Schilderwald zu lichten. Verkehrsexperten sagen, dass ein Drittel der Schilder überflüssig ist. Durch das Entfernen der nutzlosen Schilder könne viel Geld gespart werden, heißt es, denn es fielen Wartungskosten weg, weil Schilder im Laufe der Jahre verwittern, rosten, überwuchert oder umgefahren werden und nicht mehr reflektieren. Fast 90 Prozent der abgesägten Schilder werden übrigens wiederverwertet, als Ersatz für zerstörte Schilder oder als Entwicklungshilfe-Export für afrikanische Straßen.

Humorexperten dagegen sagen, dass rücksichtslose Rodungsarbeiten im Schilderwald zu einer Verödung einer einmaligen Kulturlandschaft führen würden. Denn in den Schilderwaldgebieten dieses Planeten gibt es einzigartige Biotope. Dort verstecken sich seltene vom Aussterben bedrohte Kuriositäten: nicht rauchende Fische, schwer bewaffnete Rollstuhlfahrer, polnische Ufos oder Toiletten für Autos. Über 100 Schnappschüsse aus aller Welt präsentiert dieser Band.

Titus Arnu

AB SEITE **00:07** KAPITEL

1

⊙⟶ KLARE ANSAGEN

Hunde dürfen nicht nackt baden. Das Betreten des Wassers ist verboten. Untersagt ist auch das Skifahren in Museen sowie das Mitführen von Atomwaffen im Handgepäck. Und bitte betreten Sie Restaurants grundsätzlich bekleidet! All dies muss mal gesagt werden, und zwar möglichst präzise und verständlich. Allerdings scheint es nicht so einfach zu sein, klare Verbote klar zu formulieren. Kein Wunder, dass es immer wieder zu Missverständnissen kommt.

↑ FUERTEVENTURA, SPANIEN: Vor gut einem halben Jahrtausend fand Kolumbus heraus, dass das Meer keine Einbahnstraße ist. Man fällt eben nicht am Rand der Scheibe ins Unendliche. Trotzdem wird am Strand von Fuerteventura vor der Einfahrt in den Ozean gewarnt. Dabei kann so viel nicht passieren, vorausgesetzt, man ist mit dem Schiff unterwegs und nicht mit dem Auto.

◉→ Joachim Reinke

Parken nur für Patienten in der Praxis

Deutschland, Bad Griesbach ⊙—→ Ulrich Dierkes

↑ DEUTSCHLAND, BAD GRIESBACH: Eine Markt- und Parklücke hat dieser Arzt entdeckt. Der erste Drive-Through-Doktor der Welt ermöglicht es seinen Patienten, mit dem Auto in die Praxis zu fahren und dort zu parken. Das ist äußerst praxisnah – da hat einer mal die Berufsbezeichnung „praktischer Arzt" ernst genommen.

Deutschland, Schmelz ●——→ Hinnerk Dreyer

↑ DEUTSCHLAND, SCHMELZ: Als Trottel hat man es einfach, einen Parkplatz zu finden. Selbst vor dem Garagentor eines bissigen Hausherrn kann man ohne Bedenken seine Karre abstellen, das findet der sicher lustig – dem Schild nach zu urteilen hat der Garagenbesitzer ziemlich viel Humor.

BAG SEARCH

.. WE ARE OBLIGED
To SEARCH ALL BAGS.

YOU CAN REFUSE A BAG
SEARCH, BUT IF YOU DO,
WE WILL REFUSE YOU
ENTRY.

WE APOLOGISE IF
THIS INCONVENIENCES
YOU,
BUT TOUGH TITTIE!

Færdsel på og i bunkeren
er livsfarlig.
Der Verkehr
auf und in dem Bunker
ist lebensgefährlich.

Politi

Dänemark, Tirpitz ◉⟶ Knut Dreßler

↑ DÄNEMARK, TIRPITZ: Man weiß nicht ganz genau, für was die Dänen ihre Bunker benutzen. Wenn auf dem Schild Straßenverkehr gemeint ist, stellt sich die Frage, wie im und auf dem Bunker überhaupt Fahrzeuge fahren können. Falls es sich um eine eher zwischenmenschliche Art von Verkehr handelt, muss man sich wundern, ob dänische Liebespaare keine gemütlicheren Orte für die Ausübung ihrer Hobbys haben.

← GROSSBRITANNIEN, LONDON: Touristen schätzen die hohen Sicherheitsstandards und die extreme Freundlichkeit der Briten. Wenn beides zusammenkommt wie in diesem Fall, umso schöner: Das Schild erklärt die Notwendigkeit einer Taschenkontrolle, gleichzeitig mitgeliefert wird eine Entschuldigung für das sicherheitstechnische Befummeln. Ein Fall für die Fummelaufsicht ist allerdings der Zusatz.

◉⟶ Silke Exius

Italien, Sizilien ⦿⟶ Beate Mühlbauer

↑ ITALIEN, SIZILIEN: Dieses Schild soll vor der Gefahr einer Flutwelle warnen, aber fast hofft man, die Welle möge anrollen. Wissenschaftler, Schaulustige und Fotografen warten seit Jahren an dieser Stelle darauf, denn so eine seltsam geformte Wassermasse hat die Welt noch nicht gesehen.

China, Hongkong ⊙→ Ursula Scheller

↑ CHINA, HONGKONG: Wenn in China zwei weiße, kopfkissenförmige Gebilde am Himmel auftauchen, ist höchste Vorsicht geboten. Es handelt sich in der Regel um bösartige Wolken, aus denen melonengroße Klumpen fallen, die Berge zum Einsturz bringen und Häuser umwerfen. Da hilft nur eins: Mädchen nehmen ihre Handtasche, Jungen ihren Koffer – und dann ab über die Landstraße.

**ATIU AIRPORT
Voluntary Security Check**

Would passengers please hand their AK47s Bazookas, grenades, explosives and nukes to the pilot on boarding the aircraft.

Airport Management thanks you for your cooperation.

Cookinseln, Atiu ⊙→ Benedetta Rei

↑ COOKINSELN, ATIU: Auf Südseeinseln sind die Menschen stets freundlich, das ist kein Klischee. Selbst Terroristen werden bei der „freiwilligen Sicherheitsüberprüfung" höflichst ersucht, ihre Bazookas, Granaten und Nuklearwaffen vor dem Einsteigen ins Flugzeug beim Piloten abzugeben.

Im Nichtraucherraum ist
Rauchen nicht erlaubt.
Dagegen ist im Raucherraum das
Nichtrauchen nicht verboten.

Deutschland, Oberfranken ◉—→ Karlheinz Götz

↑ **DEUTSCHLAND, OBERFRANKEN:** Die bayerischen Raucherregeln versteht keine Sau. Überall gibt es Ausnahmen und Ausnahmen von den Ausnahmen. Eigentlich ist das Rauchen in Restaurants verboten, aber eigentlich auch nicht, wer weiß das schon. Ein Wirt in Franken weist deshalb vorsorglich darauf hin, dass im Raucherraum das Nichtrauchen nicht verboten ist.

China, Peking ⊚→ Wolfgang Kraft

↑ CHINA, PEKING: Dieser Rasen erträgt es nicht, wenn Menschen auf ihm barfuß herumspazieren. Also bitte beim Betreten unbedingt Stiefel oder zumindest Turnschuhe anziehen!

← SPANIEN, MENORCA: Trompetenklänge können ganze Stadtmauern zum Einsturz bringen, wie man schon in der Bibel nachlesen kann. Wie gut, dass es trompetenfreie Zonen gibt. Eine Gemeinde auf der Insel Menorca hat sich sogar zum Trompeten-Sperrgebiet erklärt. An den Ruinen, auf denen das Schild steht, kann man erkennen, dass diese Maßnahme bitter nötig war. Oder ist hier lediglich das Hupen untersagt?

⊚→ Sabine Güldenpfennig

Deutschland, Bad Griesbach ⊙—→ Ulrich Dierkes

Deutschland, Würzburg ⊙—→ Siegfried Rogge

Belgien, Dongen ⊙—→ Sabine Grefe

↑ **BELGIEN, DONGEN:** Dicke nackte Frauen mit einem Bein haben es nicht einfach. Weil sie nicht richtig laufen können, hat dieser Ladenbesitzer nun einen Parkplatz für sie reserviert.

↖ **DEUTSCHLAND, BAD GRIESBACH:** Wer einen Friedhof dauerhaft benutzt, sollte möglichst tot sein. Man muss das leider so drastisch sagen, denn offensichtlich kommt es immer wieder vor, dass an der letzten Ruhestätte Menschen abgelagert werden, die noch nicht ganz das Zeitliche gesegnet haben.

← **DEUTSCHLAND, WÜRZBURG:** Der einzige Mensch, der je eine Wasserfläche betreten hat, ohne unterzugehen, war der Bibel zufolge Jesus Christus. Ein Verbot des Gartenamtes hätte diese Leistung auch nicht verhindern können. Trotzdem wird vor dem Versuch gewarnt, auf dem Wasser zu laufen, man weiß ja nie.

Deutschland, München ⊙→ Eckhart Guthöhrlein

↑ DEUTSCHLAND, MÜNCHEN: Die Stadt München arbeitet an einem perfekten Radwegenetz. Da der Zweirad-Verkehr ständig zunimmt, steigt auch die Unfallgefahr. Die Behörden haben nun eine wirkungsvolle Lösung gefunden: Der Radweg, auf dem das Radfahren gleichzeitig erlaubt und verboten ist. Das bringt die Radfahrer in eine logische Schleife, die sie vor Begegnungen mit anderen Radlern schützt.

Vernünftige
fahren hier nicht
mit dem Rad.

Anderen
ist es verboten.

Stadt Westerland
- Die Bürgermeisterin -

Deutschland, Sylt ◉—→ Horst-Josef Dauer

↑ DEUTSCHLAND, SYLT: Sind Vernunft und Radfahren miteinander vereinbar? Wer bei den Vernunft-Päpsten Descartes, Hegel und Kant nachliest, findet Rat zu diesem und jenem, aber seltsamerweise überhaupt nichts zum Thema Rad. Die schlaue Bürgermeisterin von Westerland hat deshalb eine Kritik der reinen Radler-Vernunft in knappe Worte gefasst – und ein kategorisches Radfahrverbot an der Strandpromenade ausgesprochen.

WIR BITTEN SIE
DAS RESTAURANT
NUR BEKLEIDET
ZU BETRETEN.

Keine öffentlichen Toiletten

Deutschland, Berlin-Spandau ⊙⟶ Andreas Engel

↑ DEUTSCHLAND, BERLIN-SPANDAU: Es ist gar nicht so einfach, sich in einem Restaurant ordentlich zu benehmen. Gerade sitzen. Hände auf den Tisch. Serviette auf den Schoß. Messer in die rechte, Gabel in die linke Hand. Die wenigsten Gäste schaffen das, also senken die Gastronomen ihre Benimm-Anforderungen. In diesem Berliner Lokal ist man schon fein raus, wenn man bekleidet kommt und nicht nackt.

→ DEUTSCHLAND, RÜGEN: Die Rügener Baderegeln sind wegweisend. Wer die exakte Beschilderung nicht millimetergenau befolgt, landet als Nackter unter Angezogenen oder als Angezogener unter Nackten, was beides als ungezogen gilt. Am einfachsten hat man es noch als Hund, vorausgesetzt, man gehört zu den wenigen vernunftbegabten Hunden, die lesen können und am Hundestrand unter ihresgleichen urlauben.

⊙⟶ Anne Büringer

Österreich, Gowilalm ⊚—→ Daniel Brunnmayr

↑ ÖSTERREICH, GOWILALM: Was passiert, wenn man Elektrozäunen zu viel Futter gibt? Werden sie dann zu groß und zu stark, also zu Starkstromleitungen? Und was fressen Zäune eigentlich? Watt? Egal: Mit Elektrozäunen soll man besser keinen Schabernack treiben und die Tiere dahinter sicherheitshalber in Ruhe grasen lassen.

Australien, Hunter Valley ●—→ Frank Schäfer

↑ AUSTRALIEN, HUNTER VALLEY: Beim Klettern und beim Treppensteigen gilt folgende Sicherheitsregel: Drei Punkte des Körpers sollten immer Kontakt mit der Treppe haben. Blöd ist es nur, wenn man so komisch proportioniert ist wie das Strichmännchen auf dem Schild, denn mit einem verkürzten, schräg in die Luft stehenden Bein hat man kaum eine Chance, drei Punkte an die Treppe zu bekommen.

TO ALL OUR VISITORS
KIA ORA KATOA! WELCOME!

BUT

AS YOU AND YOUR RUBBISH **ARRIVED** TOGETHER,
PLEASE BE A TIDY KIWI AND ENSURE THAT YOU
STAY FRIENDS AND **LEAVE** TOGETHER.

Should you accidentally become separated
from your rubbish, you could be subject to a
Taupo District Council litter penalty
fine of
$200

Neuseeland, Turangi ⊙—→ Dietrich Jentsch

↑ NEUSEELAND, TURANGI: Die Deutschen gelten als Vorbild bei der Mülltrennung. Beim Wegschmeißen wird auf das Penibelste separiert und kontrolliert, dass jedes Spießerherz höher schlägt. Die Neuseeländer sind da schon weiter. Sie sehen den Müll als Freund an, von dem man sich nicht trennen soll. Wer seinen Abfall trotzdem in der Natur hinterlässt, gilt nicht als „tidy kiwi" – und muss sich von 200 Dollar trennen.

07:00-08:30 11:30-12:30

13:30-14:30 16:30-18:00

China, Xiamen ⊙—→ Wolfgang Kraft

↑ CHINA, XIAMEN: Wer einen Karren so fortbewegen will, wie es auf dem Schild abgebildet ist, macht eine Menge Krach. Die Räder berühren nicht den Boden, die Deichsel steht in die Luft, das Holz schleift über die Straße. Kein Wunder, dass so ein unsachgemäßer Unsinn zumindest stundenweise verboten ist.

Russland, Sankt Petersburg ⊙⟶ Helga Vetter

↑ RUSSLAND, SANKT PETERSBURG: Wie kleinlich: Auf dem Gelände der Peter-und-Paul-Festung in Sankt Petersburg ist offenbar alles verboten, was Spaß macht. Skifahren? Feuer machen? Saxofon spielen? Kleine bucklige Tiere, etwa Schildkröten, an der Leine führen? Alles nicht erlaubt. Rückschlüsse auf das Verhalten von Russen in russischen Museen sind übrigens auch nicht erlaubt.

Österreich, Seebachtal ●—→ Daniel Brunnmayr

↑ **ÖSTERREICH, SEEBACHTAL:** Die österreichische Bergrettung hat offenbar recht extravagante Hobbys. Wenn die Retter nicht gerade damit beschäftigt sind, Urlauber aus Gletscherspalten zu ziehen, ziehen sie gerne Stöckelschuhe an. Oder soll das Schild etwa auf witzige Weise dazu anregen, nicht mit High Heels im hochalpinen Bereich herumzuspazieren?

AB SEITE **00:33** KAPITEL **2**

○→ ECHTE KERLE

Strichmännchen sind auch nur Menschen. Sie können genauso schlimm stolpern und sich verletzen wie ihre Vorbilder, die echten Menschen. Was aber den Alltag von Strichmännchen so tragisch macht, ist die Tatsache, dass sie sich fast immer in Gefahrensituationen befinden, wie man auf den folgenden Schildern sehen kann. Fast freut man sich für die abstrakten Figuren, wenn sie mal eine getigerte Unterhose tragen oder ein Strichmädchen küssen dürfen.

China, Suzhou ⊙→ Achim Brückner

↑ CHINA, SUZHOU: Riesen haben es schwer in China. Kleine Männer in Pick-ups jagen sie. Wenn die großen Leute nicht furchtbar aufpassen, fahren ihnen die kleinen Leute mit dem Auto in den Riesenhintern. Wenigstens werden die Riesen vor dieser Schikane auf Schildern gewarnt.

Italien, Pompeji ⊙—→ Carolin Marie Göpfert

↑ ITALIEN, POMPEJI: Die Wissenschaft steht vor einem Rätsel. Große schwarze Rechtecke machen den Menschen das Leben zunehmend schwerer. Die Dinger tauchen unvermittelt auf und legen sich quer in den Weg. Seltsam: Das Phänomen tritt oft in italienischen Innenstädten auf. Eines der schwarzen Rechtecke wurde nun hochkant aufgestellt und als Pfosten für ein Warnschild verwendet – auch eine Lösung.

Österreich, Hellbrunn ⊙—→ Alexander Kaiser

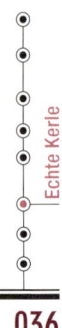
↑ ÖSTERREICH, HELLBRUNN: Im Sommer leiden Touristen beim anstrengenden Fotografieren von Sehenswürdigkeiten schnell unter Achselschweiß. Gegen die lästige Transpiration hat man sich in Hellbrunn etwas Nettes ausgedacht: die Achseldusche. Das Gerät dient nicht nur der Erfrischung von Touristen, sondern auch dem Bewässern des Rasens.

→ DEUTSCHLAND, BÖBLINGEN: Für das Übergeben des Mageninhalts an die Umwelt gibt es einen Haufen volkstümlicher Ausdrücke: reihern, kotzen, Bröckchen spucken. Vomitieren ist die feine englische Art, etwas auszudrücken, das besser unausgesprochen bliebe.

⊙—→ Silke Exius

VOMITIEREN VERBOTEN

ʌɒ⊥ıɒɕɹɹƆʌ ∩ɒɹɒ⊥ ıⱮƆʌ

- **No deixeu clots perillosos a l'arena.**
- No deje agujeros peligrosos en la arena.
- Don't leave dangerous holes in the sand.
- Bitte hinterlassen Sie keine gefährlichen Löcher im Sand.

- **Heu de fer bon ús dels banys públics.**
- Haga buen uso de los baños públicos.
- Make correct use of the public toilets.
- Bitte nutzen Sie korrekt die öffentlichen Toiletten.

Spanien, Mallorca ⊙⟶ Fabian Jänicke

↑ SPANIEN, MALLORCA: Das korrekte Toilettenverhalten in dieser Bedürfnisanstalt geht in Richtung Romantik. Händchenhalten ist auf dem WC oberstes Gebot.

Südkorea, Seoul ◉→ Ville Miettinen

↑ SÜDKOREA, SEOUL: Auf dieser Toilette benimmt sich der Besucher offenbar richtig, wenn er Folgendes beachtet: als Frau ein rotes Kleid tragen, als Mann blau anziehen und über die Wand zu den Frauen glotzen.

Spanien, Granada ◉—→ Matthias Tretera

↑ SPANIEN, GRANADA: In Granada trägt man eher we-
niger am Leib als in den Vereinigten Arabischen Emiraten. Besonders, wenn es heiß ist. Also bitte nicht erschrecken, wenn ein Mann
im Tiger-Tanga den Zebrastreifen überquert, das ist ganz normal.

Italien, Sirmione ●—→ Dagmar Jung

↑ ITALIEN, SIRMIONE: An dieser extrem romantischen Stelle am Strand gilt ein offizielles Küssgebot. Einzige Voraussetzung: Männer müssen einen Hut tragen, Frauen müssen Locken haben.

↑ **ITALIEN, AMALFI:** Mit Scharfmachern verdient die Pharmaindustrie Milliarden. Dabei ist es gar nicht nötig, teure Pillen zur Steigerung der Lust zu kaufen, ziemlich scharf macht auch manch ein pflanzliches Produkt, wie man in Italien weiß: Dort wird Peperoni als „natürliches Viagra" verkauft.

⊙→ Christian Kolb

Kroatien, Dubrovnik ⊙—→ Linus Haase

USA, Bryce Canyon, Utah ⊙—→ Helga Vetter

Deutschland, Altena ⊙→ Arnd Gansohr

↑ DEUTSCHLAND, ALTENA: Dieses Schild kann einem Angst machen. Menschen mit Gewehr in der Hand kriechen betrunken am Boden? Tatsächlich wird das Schild bei einem alle drei Jahre stattfindenden Schützenfest aufgestellt – und dann ist die Darstellung ziemlich realistisch.

↖ KROATIEN, DUBROVNIK: Muss man sich vor Menschen im Rollstuhl, die ein Gewehr tragen, in Acht nehmen? In diesem Fall ist alles politisch korrekt, denn es handelt sich offenbar um einen Schützenverein für körperlich Behinderte.

← USA, BRYCE CANYON, UTAH: Reiter, staubige Hauptstraßen und Saloons – am Bryce Canyon scheint die Zeit stehen geblieben zu sein. Leider bleibt der motorisierte Verkehr nicht einfach stehen, wenn einer der Cowboys über den Mittelstreifen reitet.

Vereinigte Arabische Emirate, Abu Dhabi ●—→ Jendrik Suck

↑ VEREINIGTE ARABISCHE EMIRATE, ABU DHABI: In Abu Dhabi läuft kaum ein Scheich zu Fuß. Falls doch, bitte nicht erschrecken! Männliche Fußgänger sehen in den Arabischen Emiraten aus wie Nonnen mit Bart. Das ist kein Witz, sondern die ganz alltägliche Bekleidung der Einwohner.

Deutschland, Bayern ⊚—→ Thomas Knauer/Voller Ernst

↑ DEUTSCHLAND, BAYERN: Trolle sind fast ausgestorben, und da diese Typen Kinder fressen, Knödelnasen haben und stinken, findet das niemand so richtig schlimm. Schuld am Trollsterben ist auch der zunehmende Autoverkehr in entlegenen Waldgebieten. Die Angst der Trolle vor den Autos und die Angst der Menschen vor den Trollen hält sich aber zum Glück die Waage.

AB SEITE **00:49** KAPITEL **3**

○→ TREFFENDE
KOMMENTARE

Nicht immer gelingt es, einen Sachverhalt auf einem Schild korrekt rüberzubringen, und ganz selten ist die Formulierung auch noch originell. In äußerst seltenen Fällen harmonieren Design und Sprachwitz so gut wie bei den Beispielen, die in diesem Kapitel versammelt sind. Wenn auf einem Schild vor „tiefen Löchern" gewarnt wird und Einschusslöcher im Metall zu sehen sind, ist die Gefahr sowohl plastisch als auch sprachlich treffend ausgedrückt.

ロープウエーの営業時間
March～October   Operating hours
3～10月は 9:00～17:00

ロープウエーへ
ゆっくり歩いて10分
ときどき走って 7分
10 MIN. WALK (7 IF RUN A LITTLE!)
TO ROPEWAY STN.

Japan, Miyajima → Marianne Bähr

↑ JAPAN, MIYAJIMA: Exakte Anweisungen sind wichtig, wenn man in Japan im Wald steht und eine Fähre erwischen will. Blöd nur, wenn man dann kein Japanisch lesen kann. Deshalb der nette Hinweis auf Englisch: zehn Minuten zum Hafen, sieben, wenn man ein bisschen rennt. Genauer geht's kaum! Wenn die Zeitangabe nicht exakt stimmen sollte, liegt das wahrscheinlich am Lauftempo des Wanderers.

Nichtraucher-Bank

Deutschland, München ⊙→ Katharina Schaffrath

↑ DEUTSCHLAND, MÜNCHEN: Noch eine Folge der Bankenkrise: Um sich gegen die Kosten von raucherbedingten Krankheiten abzusichern, wurde in München eine Nichtraucherbank gegründet. Dort können nur Leute ihr Geld anlegen, die nachweislich nicht nikotinsüchtig sind. Um ein Zeichen für den Umweltschutz zu setzen, ist die Bank aus Massivholz und steht an der frischen Luft.

↑ SCHWEDEN, BÄSTNAS: Eine gefährliche Verkehrsfalle ist entschärft worden. Nachdem Hunderte von Autofahrern über das Ende der Straße hinaus in einen Acker fuhren und dort stecken blieben, haben sich die Behörden endlich dazu entschlossen, ein Schild aufzustellen. Die Wracks sollen zur Abschreckung auf dem Gelände, einem Schrottplatz, stehen bleiben.

◎→ Ole Yssing

Südafrika, Kapstadt ● → Marcus Schreiner

↑ SÜDAFRIKA, KAPSTADT: In Südafrika herrschen zum Teil seltsame Vorstellungen von Recht und Ordnung. Illegal geparkte Autos sind in Ordnung, steht sinngemäß auf dem Schild. Was ist dann mit legal geparkten Fahrzeugen? Auch fein? Nicht ganz so fein ist nur die Rechtschreibung auf dem Schild. Es fehlt ein d, statt „fine" müsste es „fined" (mit einem Bußgeld bestraft) heißen.

Dänemark, Fjerritslev ⊙→ Helga Vetter

↑ **DÄNEMARK, FJERRITSLEV:** Tiefe Löcher sind eine große Gefahr, nicht nur im Haushalt der Bundesregierung, sondern auch auf dem platten Land in Dänemark. Um die Bedrohung durch die großen, tiefen Löcher drastisch zu untermalen, haben die Loch-Anwohner auf das Schild geschossen und kleine, tiefe Löcher als Warnung gegen hochmütigen Loch-Leichtsinn hinterlassen.

←FRANKREICH, LILLE: Aus Sicht von Deutschen, die kein Französisch können, mögen die vielen Sauf-Schilder an Frankreichs Straßen unglaublich witzig wirken. Sauf Taxis? Sauf Bus? Sauf Fahrräder? Hihi, und das im Heimatland von Bordeaux und Champagner. Wohl zu viel gesoffen? Die Erklärung ist ziemlich ernüchternd: „sauf" heißt „ohne" – Taxis, Busse und Fahrräder sind von der Einbahnstraßenregelung ausgenommen.

◎⟶ Giovanni Pinna

Öffnungszeiten

Wir öffnen meistens um 9 oder 10 Uhr -
manchmal schon um 7 Uhr, aber dann wieder mal erst
um 12 oder 13 Uhr.
Wir schließen ungefähr um 17.30 oder 18 Uhr -
manchmal schon um 16 oder 17 Uhr, aber dann
wiederum erst um 23 Uhr oder Mitternacht.
Manche Tage oder Nachmittage sind wir überhaupt
nicht hier, aber in letzter Zeit sind wir fast immer da,
es sei denn, wir sind woanders, aber dann sollten wir
eigentlich auch hier sein!

Griechenland, Kreta ⊙⟶ Thomas Zöllner

!!! _Gute Küche_!

Hoteldirektor : 143kg

Restaurant chef : 126kg

Küchenchef : 65kg

Ungarn, Keszthely ⊙⟶ Valeska Bauer

Österreich, Lech-Zürs ⊙⟶ Alex Goldgraber

↑ **ÖSTERREICH, LECH-ZÜRS:** Skifahren ist hier ein Traum. Am Lift muss keiner anstehen, dank eines Systems, das auf widersprüchlichen Schildern beruht. Die schwarze Hand symbolisiert: kein Zutritt. Weiß auf Grün steht darüber: Zutritt.

↖ **GRIECHENLAND, KRETA:** Auf Kreta gehen die Uhren anders als in Deutschland. Trotzdem wollen die Touristen genau wissen, wann ein Laden geöffnet hat, Ordnung muss sein. Der Besitzer eines Schmuckladens hat ganz genau auf ein Schild geschrieben, wann der Laden vielleicht mal auf hat – oder auch nicht.

← **UNGARN, KESZTHELY:** Ein Schild, das besser als jede ausgefeilte Werbeprosa die Qualität der Küche unterstreicht. Ein dickes Argument für die Künste des Küchenchefs ist das Gewicht des Hoteldirektors und des Hotelchefs.

Nepal, Pokhara ⊙⟶ Arne Jungnickel

↑ NEPAL, POKHARA: Das Hotel Tibet Home in Nepal ist ein äußerst gastfreundliches Haus. Wer in diesem Kuschelhotel eincheckt, kann sicher sein, dass er schnell Anschluss findet. Die Gäste und Gästinnen verstehen sich dank spezieller Romantik-Arrangements dort offenbar so gut, dass man sich um das Bevölkerungswachstum keine Sorgen machen muss. Ein Mindestaufenthalt von neun Monaten ist allerdings notwendig.

Deutschland, Konstanz ●—→ Mechthild Neu

↑ DEUTSCHLAND, KONSTANZ: To be or not to be? Das ist hier nicht die Frage. Die Frage ist eher, was den Charme eines Cafés wirklich ausmacht. Die Heißgetränke und die hübsche Bedienung allein reichen heutzutage nicht mehr aus, es sollten schon ein paar knackige Weisheiten sein, die der Wirt mit Kreide auf die Tageskarte schreibt. Am leichtesten verdaulich scheint noch der Sinatra.

↑ SPANIEN, GRANADA: Verbieten kann man viel. In der Praxis nützt das leider oft wenig. Besser als Schilder sind Hindernisse aus Stein oder andere bauliche Maßnahmen. Die Einfahrt in diese enge Gasse ist sogar „körperlich unmöglich". Aber welcher Körper ist schon 1,50 Meter breit? Der eines Sumo-Ringers oder eines anderen Fettsacks vielleicht. Gemeint ist wohl eher, dass die Einfahrt für Autos wirklich unmöglich ist.

◉⟶ Matthias Tretera

PHYSICALLY IMPOSSIBLE ENTRY

►1,5 m◄

Deutschland, Wilhelmshaven ⊙⟶ Gisela Krüll

Deutschland, München ⊙⟶ Michael Specht

USA, Brooklyn, New York ⊙⟶ Stephen Levine

↑ **USA, BROOKLYN, NEW YORK:** Wenn die Philosophie in mehreren Tausend Jahren zu einer sicheren Erkenntnis gekommen ist, dann zu dieser: Nichts ist so, wie es scheint. Ontologisch ist die Sache kompliziert, aber man kann es auf den Punkt bringen: Entkernte Oliven können Kerne enthalten.

↖ **DEUTSCHLAND, WILHELMSHAVEN:** Dieser Anlagetipp ist keine sichere Sache: Hochprozentiges ist zwar garantiert, aber der Anleger ist hinterher nicht flüssiger, sondern finanziell schlechter dran als vorher – und hat einen Kater.

← **DEUTSCHLAND, MÜNCHEN:** Anglizismen werden zu Unrecht gedisst. Das dachte sich der Oberchecker des Alten Wirts in Moosach, als er Bisnesslantsch anbot. Noch kuhler wäre es gewesen, das Schpälling zu tschecken. Oder war das ein kräisie Tschouk?

Slipbenützung

ein- oder auswassern

Fr. 10.–

Schweiz, Güttingen ○→ Mauro Moschetta

↑ SCHWEIZ, GÜTTINGEN: Dass es Leute gibt, die für benutzte Slips Geld bezahlen, ist ein sexualpsychologisch interessantes Phänomen. Erstaunlich, dass der Hafenmeister ganz offen mit diesem Fetisch umgeht und den Preis und die Übergabemodalitäten auf einem Schild bekannt gibt. Kennern des Wassersports ist aber klar: Es geht um die Benutzung der Bootsrampe, für die Besucher 10 Franken bezahlen müssen.

Ukraine, Sewastopol ●—→ Alexander Knott

↑ UKRAINE, SEWASTOPOL: Eine Busreise von Deutsch-land in die Ukraine kann eine gemütliche Sache sein. Die Menschen kommen sich zwangsläufig etwas näher im Laufe der Zeit. Da bleibt nur zu hoffen, dass sich alle Passagiere gut riechen können. Das Motto der Busgesellschaft hat hoffentlich keine Auswirkungen auf die Luftqualität im Fahrgastbereich.

AB SEITE **00:69** KAPITEL **4**

⊙→ BIZARRE NAMEN

Namensdesigner bekommen viel Geld dafür, dass sie Fantasiewörter wie „Twingo" oder „Megaperls" erfinden. Solche Kreationen sollen witzig bis imposant klingen und unverwechselbar sein. Dabei ist der Alltag auch ohne erfundene Namen voller Komik, wie man an den Bildern in diesem Kapitel sieht. Ein Spediteur beschriftet seine LKWs mit dem lebendigen Schriftzug „Toten-Transport", eine Reederei nennt sich „Oma Slipp" und ein Souvenir-laden „Popo Shop".

Spanien, Teneriffa ⊙—→ Micaela Spaleck

↑ SPANIEN, TENERIFFA: Was es in diesem Laden wohl zu kaufen gibt? Windeln? Toilettenpapier? Wundsalbe für Babys? Und was haben die Elefantenpopos mit der Sache zu tun? Wie es aussieht, handelt es sich um einen stinknormalen Souvenirladen für Touristen mit Schmuck, Tüchern und Krimskrams, der den Kunden hoffentlich nicht am Popo vorbeigeht.

Spanien, Madrid ○——→ Charlotte Frei

↑ SPANIEN, MADRID: Kiffen macht dumm und gleich-
gültig, wie jeder weiß. Warum? Keine Ahnung, und es ist auch egal.
Denn selbst der doofste Kiffer ist noch in der Lage, diesen Laden in
Madrid zu finden, auf dem groß geschrieben steht, was es dort zu
kaufen gibt. Allerdings muss man schon sehr breit sein, um nicht zu
merken, dass es dort nur Klamotten und Accessoires gibt und keine
Drogen.

↑ **NORWEGEN, STORD:** Die Unterwäsche-Mode für junge Damen wird immer minimalistischer, bald bestehen die Slips nur noch aus einem einzigen Faden. Auf der anderen Seite gibt es Oma-Unterwäsche, die so groß ist, dass man einen riesigen Container für die Aufbewahrung braucht. Oder täuscht das Bild? An dem Ort, wo es aufgenommen wurde, existiert eine Werft mit dem Namen Oma Slipp.

◉→ Sabine Bilda

Indonesien, Jakarta ●—→ Cornelia Brunner

Schweiz, Wallis ●—→ Ulrike Dauer

Nepal, Bhaktapur ◉—→ Arne Jungnickel

↑ NEPAL, BHAKTAPUR: Der Name klingt nach Kinosälen und moderner Technik. Perplex ist man nur, dass sich die hypermoderne Infrastruktur des Ladens (Laserdrucker! Fotokopien!) nicht in der Gestaltung des Schildes widerspiegelt.

↖ INDONESIEN, JAKARTA: Die Namen vermeintlich kreativer Friseurläden können einem auf die Nerven gehen: „Haarmonie", „Vorhair-Nachhair", „Kamm in", „Hairgott". Da freut man sich, einen profanen Laden namens „Piss-Salon" zu entdecken.

← SCHWEIZ, WALLIS: Das erfolgreiche Prinzip der Aldi-Märkte beruht auf dem billigen, überall gleichen Design – schmucklose Hallen, gelb gefliest und außen braun verkleidet. Diese Filiale nimmt sich eine paar künstlerische Freiheiten heraus. Vielleicht handelt es sich auch um das Ferienhaus eines gewissen Aldi.

Deutschland, Schafstedt ⊙→ Ulrich Meyer/D'Cemba Fotografie

↑ **DEUTSCHLAND, SCHAFSTEDT:** Dieser Wanderweg ist mit äußerster Vorsicht zu begehen. Es kommt offenbar öfter vor, dass die Schützen nicht so genau treffen und vom Schießstand aus arglose Wanderer umlegen. Praktischerweise haben die Schafstedter den Friedhof gleich neben dem Schießstand eingerichtet. Wahrscheinlich ist aber alles ganz friedlich in Schafstedt, nur die Schilder sind zum Schießen.

← **DEUTSCHLAND, LÜBECK:** Die Einrichtung des Fegefeuers ist eine praktische Sache, denn in dieser Brennkammer wird der Mensch von seinen letzten Sünden gereinigt, bevor er in den Himmel eingeht. Wie man sieht, ist der Gang durch das Fegefeuer eine Einbahnstraße. Der Name entstand durch einen früher vorhandenen Weg vom Lübecker Dom zum sogenannten Paradies. Sinnbildlich ging man also vom Fegefeuer ins Paradies.

⊙→ Matthias Maschke

Mexiko, Campeche, Hopelchén ⊙—→ Anne Büringer

↑ MEXIKO, CAMPECHE, HOPELCHÉN: Im Gegensatz zu den gefürchteten Kosenamen Hoppelchen, Mausi, Honigbär und Schnuckilein sind Verniedlichungsformen für Orte nicht so gebräuchlich, aber es gibt sie, „Wolfi" für „Wolfratshausen" etwa. Heißt der Ort Hopelchen also in Wirklichkeit Hopel? Nein, Hopelchén ist eine Ortschaft im Bundesstaat Campeche in Mexiko und heißt tatsächlich so.

Deutschland ⊙→ Franz Hilfiger/Voller Ernst

↑ **DEUTSCHLAND:** Falls dies das Grab einer Oma ist, muss man an dieser Stelle den ungepflegten Zustand der Grabstätte anprangern. Wenigstens ist das Grabmal recht auffällig gestaltet, übersehen kann man die letzte Ruhestätte kaum. Aber was machen die Bagger im Hintergrund? Hoffentlich wühlen sie nicht im Oma-Friedhof herum. Man kann nur hoffen, dass es sich um ein Ortsschild handelt.

↑ **DEUTSCHLAND, DRESDEN:** Als Adam und Eva wegen Apfeldiebstahls aus dem Paradies vertrieben wurden, mussten sie querfeldein gehen. Damals gab es weder Straßen noch Verkehrsregeln. Seitdem bemüht sich die Menschheit mehr schlecht als recht, den Weg zurück zu finden. Einige Städte wie Jena oder Konstanz haben ganze Stadtteile „Paradies" genannt, andere immerhin eine Straße in Richtung Paradies gebaut.

◉—→ Siegfried Steinach/Voller Ernst

Deutschland, Herbstein ⊙—→ Rüdiger Poborsky/Voller Ernst

↑ **DEUTSCHLAND, HERBSTEIN:** Die Straße der Ehe kann lang und steinig sein oder kurz und kurvig. Sie mag Abzweigungen haben und unübersichtliche Windungen, gefährliche Kreuzungen und Engpässe. Wie angenehm und praktisch, wenn wenigstens der Beginn des Weges so übersichtlich ausgeschildert ist wie in diesem Fall. Dann kann ja wohl nichts mehr schiefgehen mit der Partnerschaft!

Deutschland, Kiel ⊙—→ Dietmar Gust/Voller Ernst

↑ **DEUTSCHLAND, KIEL:** Eine Straße, in der reiche Säcke wohnen? Genau das ist der Ursprung dieses Straßennamens in Kiel. Früher hieß die Straße „Kühls Geldbeutel". Sie wurde nach einem Ölmüller namens Kühl benannt. Der Mann besaß an dem Weg einen Holzstapelplatz, wo er Anfang des 19. Jahrhunderts das im nahen Wald geschlagene Holz mit großem Gewinn verkaufte.

084

→ DEUTSCHLAND, MÜNCHEN: Dieses schöne verrostete Schild steht auf der Praterinsel in München. Ist es komplett unnütz? Nicht unbedingt, denn das museumsreife Schild, das den Garten des Alpinen Museums ziert, stammt von einem Wanderweg am Unnütz, einem Berg in der Nähe des Achensees. Und dieser schöne Zweitausender ist aus Sicht von Wanderern und Skitourengehern überhaupt nicht unnütz.

◉⟶ Lilo Hennenlotter

Deutschland, Darmstadt ◉→ Max Dürr

↑ DEUTSCHLAND, DARMSTADT: Der Mitsubishi Pajero hat es in spanischsprachigen Ländern nicht leicht, denn Pajero bedeutet „Wichser". Wer solche Missverständnisse vermeiden will, bemüht einen international bewanderten Namensdesigner. Bei diesem norwegischen LKW war das wohl nicht der Fall. Soll man einen Laster, auf dem in großen Buchstaben „Toten-Transport" steht, als deutscher Verkehrsteilnehmer etwa sympathisch finden?

Türkei, Istanbul ○→ Lilo Hennenlotter

↑ TÜRKEI, ISTANBUL: Die CSU macht immer wieder mit Skandalen und Querelen auf sich aufmerksam. Führende Bundespolitiker wünschen sich schon lange eine Alarmanlage, die rechtzeitig losheult, wenn wieder ein renitenter CSU-Quertreiber in Berlin auftaucht und alles besser weiß. In der Türkei hat ein findiger Unternehmer nun genau so einen Apparat erfunden.

AB SEITE **00:89**

→ <u>TIERISCHE</u>
<u>TROTTEL</u>

KAPITEL

5

Es soll Tiere geben, die ihren Namen in vier Sprachen buchstabieren können, 90 Gegenstände unterscheiden und verschiedene Nationalhymnen singen können. Die Tiere, um die es in diesem Kapitel geht, gehören nicht dazu. Ein orientierungsloses Nashorn hat sich nach Südamerika verlaufen, geschwindigkeitssüchtige Pferde und Kamele wollen auf der Autobahn galoppieren und Elefanten terrorisieren die Besitzer eines Porzellanladens. Ja, geht's noch?

Marokko, Fès ◉—→ Helga Vetter

↑ MAROKKO, FÈS: Kentucky Fried Chicken auf Arabisch? Das wäre eine interessante Variante des amerikanischen Fast Foods, aber mit den politischen und religiösen Grundsätzen des Islam wohl kaum zu vereinbaren. Nein, in diesem schicken Laden in den Souks von Fès werden lebendige Hühner verkauft. Chicken McFeder to go, sozusagen.

Spanien, Madrid ⊙—→ Charlotte Frei

↑ SPANIEN, MADRID: Dieser struppige Löwe sieht eher wie ein großer ungezogener Hund aus und nicht unbedingt wie ein bedrohliches Raubtier. Der Name der Gasse in Madrid hat dennoch eine grausame Geschichte. In vielen Städten gibt es noch heute Orte mit dem Name Löwengrube – das waren Hinrichtungsorte, an denen Gefangene seit römischen Zeiten den Raubtieren zum Fraß vorgeworfen wurden.

↑ **DEUTSCHLAND, MORITZBURG:** Wenn es um Fische geht, weiß man ja nie genau, was Anglerlatein ist und was nicht. Aber dieser Fisch ist wirklich ein dicker Hund. Angeblich lebt das Riesenbiest in einem Teich bei Moritzburg in Sachsen. Der legendäre Moritzburger Monsterkarpfen ist größer als ein ausgewachsener Fischer, heißt es. Kein Wunder, dass es strengstens verboten ist, den fetten Riesen zu angeln.

⊙→ Birgit Decker

Deutschland, Karlsruhe ●—→ Tobias Kochsmeier

Mexiko, Campeche ●—→ Anne Büringer

USA, Hawaii ⊙—→ Helga Vetter

↑ USA, HAWAII: Auf Hawaii gibt es krasse Größenunterschiede zwischen Enten. Erstaunlicherweise leben die unterschiedlichen Tiere in Symbiose – und sie haben gelernt, gemeinsam Straßen zu überqueren.

↖ DEUTSCHLAND, KARLSRUHE: Diese Elektrofischscheuchanlage ist wie die Heizölrückstoßabdämpfung und die Nichtnachrüstbarkeitsbescheinigung eine typisch deutsche Erfindung. Verblüffend ist nicht nur die Ansammlung von sch- und ch-Lauten, sondern auch die Tatsache, dass so eine Anlage existiert.

← MEXIKO, CAMPECHE: In Mexiko rechnet der Tourist mit vielen Gefahren: Montezumas Rache, Vulkanausbrüche, Erdbeben. Aber wild gewordene Nashörner? Möglicherweise handelt es sich nur um eine nicht gelungene Seitenansicht eines Rindviehs.

Ägypten, Dahab ⊙→ Heinz Krimmer/Voller Ernst

↑ ÄGYPTEN, DAHAB: Kamele und Pferde sind arme Schweine. Ähnlich wie Hunde vor Metzgereien müssen sie hier leider draußen bleiben. Aber wahrscheinlich ist es nur zu ihrem Besten: Auf eine Schnellstraße gehören eben nun mal nur schnelle Verkehrsmittel und keine Vierbeiner. Gut, dass das Verbot auch auf Englisch auf dem Schild steht, damit die per Pferd und Kamel angereisten Touristen Bescheid wissen.

Namibia, Solitaire ⊙——→ Ilse Demasius

↑ **NAMIBIA, SOLITAIRE:** Dieses Schild sagt sinngemäß: Tier. Tot. Langsam. Das klingt auf den ersten Blick ebenso einleuchtend wie beeindruckend. Aber wer sich die Sache genauer überlegt, kommt dann doch etwas ins Grübeln: Wenn Tier tot, warum dann langsam? Dann kann schnell doch auch nichts mehr schaden? Und warum steht das Tier aufrecht, wenn es tot ist? Besser also bremsen, das hilft dem Tier, dir und mir.

Neuseeland, Clinton ⊙⟶ Erich Feller

↑ **NEUSEELAND, CLINTON:** Der tut nix! Der will nur spielen! Wie oft hat man das gehört, und dennoch kommt es immer wieder zu schlimmen Zwischenfällen – nervtötendes Kreischen, heimtückisch auf dem Boden verteilte Legosteine, schlimme Tobsuchtsattacken. Ja, Kinder sind gefährlich – behauptet dieser Hausbesitzer. Er schreckt Einbrecher mit dem Schild ab: Keine Sorge wegen des Hundes – hüten Sie sich vor den Kindern!

← **USA, FLORIDA, SANIBEL ISLAND:** Die Georgia-Gopherschildkröte zählt in den USA zu den bedrohten Tierarten, und das liegt an einem Problem, das viele gepanzerte Amphibien kennen. Obwohl Schildkröten Schildkröten heißen, können sie Schilder nicht lesen. Die Menschen stellen trotzdem immer mehr Schildkrötenschilder in den Wald, was aber leider nichts nutzt – die Kröten werden trotz Schild oft von Autos geplättet.

⊙⟶ Jendrick Suck

Australien, Townsville ●──→ Barbara Betz

↑ AUSTRALIEN, TOWNSVILLE: Fische können bekanntlich andere Meeresbewohner verarzten (Doktorfische), Unterwasser-Späße treiben (Clownfische), Gepäck transportieren (Kofferfische) und handwerkliche Tätigkeiten verrichten (Hammerhai, Sägefisch). Rauchen können sie erstaunlicherweise nicht. Denn unter Wasser gehen die Glimmstängel immer aus. Dumme Touristen werfen trotzdem Zigaretten ins Meer.

Deutschland, Essen ●→ Andreas Maxbauer

↑ DEUTSCHLAND, ESSEN: Elefanten und Porzellanladen harmonieren nicht, heißt es. Doch dass alles in Trümmern liegt, wenn ein Riesenrüssler einen Porzellanladen besucht, ist ein Mythos. Für eine Fernsehshow hat in Hamburg mal ein Elefant einen Porzellanladen von innen inspiziert. Er war extrem vorsichtig, nichts ging zu Bruch. Dennoch sind Elefanten in den meisten Porzellanläden verboten. Zu Unrecht!

Es gibt kaum einen Ort auf dieser Welt, an dem das Verhalten von Menschen nicht bis ins Detail geregelt wird. Nicht mal der Abort ist vom Regelungszwang ausgenommen, ganz im Gegenteil. Auf der Toilette ist man körperlich auf sich selbst gestellt, aber allen möglichen gesellschaftlichen Zwängen unterworfen. Die WC-Benutzer werden dazu angehalten, nicht im Stehen zu pinkeln, sich richtig herum auf die Schüssel zu setzen und „Nasendreck zu vermeiden".

HIER
KOTZTE
GOETHE

Deutschland, Tübingen ⊙—→ Sandra Sambolec

↑ **DEUTSCHLAND, TÜBINGEN:** Johann Wolfgang von Goethe war ein begeisterter Tourist, und dank seiner Reisen kann heute jedes zweite Gasthaus zwischen Weimar und Rom mit dem Dichter werben: „Hier schlief Goethe", „Hier kippte Goethe drei Halbe", „Hier bestellte Goethe einen Schweinebraten, aber bitte mit Bratkartoffeln statt des Knödels". Wurde dem Mann nie übel? Doch: In der Tübinger Münzgasse hängt das entsprechende Schild.

USA, Hawaii ⊙—→ Ferdinand Joesten

↑ USA, HAWAII: Der Ort Hana auf Maui gilt als „letztes Stück des wahren Hawaii". Es gibt keine internationalen Hotelketten, keine Fastfood-Filialen, keine Shopping-Malls. Das einzige Restaurant der Stadt hat nur an drei Tagen geöffnet. Die Toiletten sind besonders ruhig, naturbelassen und einsam. Für die schönste Toilette von Maui wird sogar auf einem Poster geworben.

Oman, Nizwa ⊙—→ Birgit Carstens

↑ OMAN, NIZWA: Die Damentoilette im Oman ist schon deshalb leicht zu finden, weil die Figur auf der Klotür keinen Krummdolch an der Hüfte hängen hat. Außerdem haben omanische Frauen an Stelle des Gesichts eine weiße Scheibe, während Männer eine schwarze Scheibe haben. Interessant ist auch die Tatsache, dass die rechte Hand der Omanerin weiß und groß ist, die linke dagegen klein und schwarz. Rätselhafter Orient.

Oman, Nizwa ⊙—→ Birgit Carstens

↑ OMAN, NIZWA: In Europa finden Männlein und Weiblein auf ihre artgerechte Toilette, indem sie auf die Toilettentür schauen. Hat die Figur einen Rock an, handelt es sich um die Damentoilette, trägt sie Hosen, gibt es auch Pissoirs. In arabischen Ländern ist das nicht so einfach. Im Oman hat der Herr traditionellerweise auch eine Art Kleid an. Zu erkennen ist er vor allem an seinem Krummdolch.

↑ **DEUTSCHLAND, KIEL:** Es gibt viele schöne körperbetonte Hobbys, die man zu zweit ausführen kann – Tangotanzen, Badmintonspielen oder Schlammcatchen zum Beispiel. Manche Menschen finden es aber anscheinend unterhaltsam, sich zu zweit in dunklen Ecken herumzutreiben und dann verschiedene körperliche Ausscheidungsprozesse zu absolvieren. Schön ist das für Dritte nicht gerade – und deshalb verboten.

⊙→ Andrea Szewc

Wir bitten

Zum Vorteil der Benutzer der Bedürfnisanstalt;
den Abort sauber zu halten.
Wände und Türen nicht zu beschreiben.
Mängel dem diensthabenden Beamten
mitzuteilen und Übeltäter anzuzeigen.

Deutsche Reichsbahn·Gesellschaft

Deutschland, Berlin ●→ Monika Dauer

UNSER ZIEL IST DAS BADEZIMMER SAUBER ZU HALTEN.

MÄNNER - GUT ZIELEN WIRD HELFEN

STEHEN SIE NÄHER, EST IST KÜRZER ALS SIE DINKEN

Swasiland, Motshane ●→ Thomas Tietz

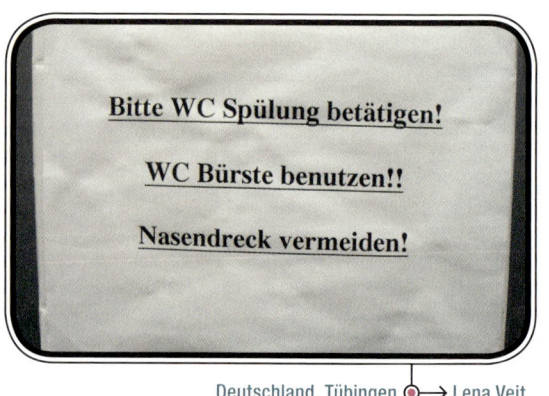

Deutschland, Tübingen ⊙—→ Lena Veit

↑ **DEUTSCHLAND, TÜBINGEN:** Man weiß nicht, was die Damen auf dieser Toilette an der Tübinger Universität so machen, aber das Schild kann einen zum Nachdenken bringen. Spülen, klar. Bürste benutzen, logisch. Aber Nasendreck? Wenn man auf einer Toilette etwas vermeidet, dann doch die Benutzung der Nase.

↖ **DEUTSCHLAND, BERLIN:** Die alte deutsche Blockwart-Mentalität äußerte sich in den Zügen der Reichsbahn auf ebenso ordentliche wie spießige Weise. Bösewichter, die den Abort beschmutzten, sollten das dem diensthabenden Beamten melden.

← **SWASILAND, MOTSHANE:** Pädagogische Pipi-Anweisungen können einem auf die Eier gehen. Kaum eine Privattoilette, auf der die Dame des Hauses die Herren nicht mit vermeintlich witzigen Sprüchen zum Hinsetzen oder besseren Zielen zwingen will.

Deutschland, Leinsweiler ●→ Sabine Richter

↑ DEUTSCHLAND, LEINSWEILER: Es gibt Autokinos, Autofriedhöfe und Autowaschmaschinen – warum also nicht auch Autotoiletten? Das PKW-Pissoir erinnert an die Readymade-Kunstwerke von Marcel Duchamp. Der geneigte Betrachter stellt sich die Frage: Mit welchem Teil der Karosserie pinkeln Autos eigentlich? Und besteht PKW-Pipi aus Ölrückständen und Benzin?

Thailand, Nationalpark Khao Chamao ⊙→ Ursula Scheller

↑ THAILAND, NATIONALPARK KHAO CHAMAO: Männer und Frauen, die mit zitternden X-Beinen in der Gegend herumstehen, haben ein sehr dringendes Bedürfnis. Sie sehnen eine Toilette herbei, um anschließend endlich wieder gerade gehen zu können. Was bedeutet es aber, wenn Betroffene in einer solchen Situation genau diesem Schild begegnen? Weiter warten und leiden?

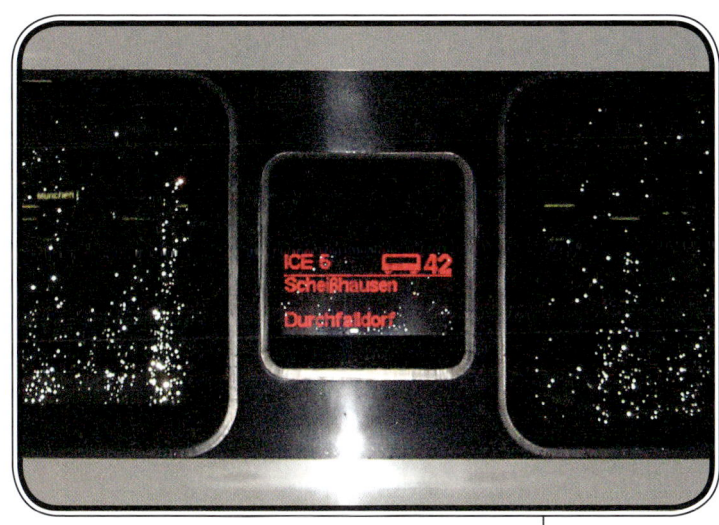

Deutschland, München ⊙—→ Malte Böwering

↑ DEUTSCHLAND, MÜNCHEN: Der Hochgeschwindigkeitszug der Deutschen Bahn sollte auch toilettentechnisch ein High-Tech-Produkt sein. Wie im Flugzeug wird der Inhalt der Toilette abgesaugt. Doch das ist nur die Theorie – in der Praxis funktionieren die Klos häufig nicht. Kein Wunder, dass der ICE von München nach Scheißhausen einen Zwischenhalt in Durchfalldorf einlegen muss. Oder hat da ein Zugbegleiter Scheiß gebaut?

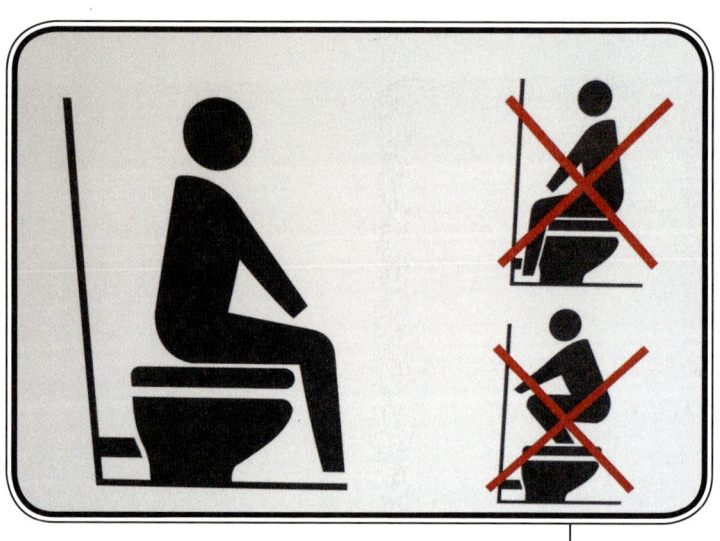

Japan, Kyoto ⊙—→ Felix Weber

↑ JAPAN, KYOTO: Im fernen Osten ist Vieles anders als in Europa, auch die Toilettensitten. Traditionell sind Plumpsklos in Japan üblich, auch wenn sich High-Tech-WCs mit integriertem Bidet und Sitzheizung immer mehr durchsetzen. Ihr Geschäft erledigen viele Japaner auf dem Plumpsklo mit dem Gesicht zur Wand hockend. Deshalb ist das Schild zur sachgemäßen Benutzung einer westlichen Kloschüssel durchaus angebracht.

AB SEITE **01:17** | KAPITEL

◉→ KRASSE KUNST | **7**

Für Gemälde wie René Magrittes „Ceci n'est pas un pipe" (Dies ist keine Pfeife) oder Salvador Dalís „Rätsel ohne Ende" zahlen Kunstsammler Millionen. Die Welt ist voller solcher Kunstwerke, man muss nur genau hinschauen. Auf einer grünen Wiese in Belgien zum Beispiel steht ein Schild: „Bâtiment disparu" (Gebäude verschwunden). Warum? Und wohin? Und warum gilt die Nicht-Pfeife als Meisterwerk des Surrealismus, und das Nicht-Gebäude nicht? Ein ewiges Rätsel.

Nepal, Bhaktapur ⊙⟶ Arne Jungnickel

↑ NEPAL, BHAKTAPUR: Ziegen können meckern und schnauben, aber können sie singen? Meistens werden Ziegen, die Bock auf Musik haben, diskriminiert, was eine echte Sauerei ist, aber in Nepal bekommen sie eine Chance. In einem Musikzentrum für Huftiere dürfen sie ihr Können gerne unter Beweis stellen. Und was lernen wir daraus? Den Ursprung des Begriffes Talentschuppen.

→ VIETNAM, HOI AN: Nichts geht über gutes Marketing. Um einen hochmodernen Eindruck zu machen, genügen ein dynamisch gestaltetes Schild und die Worte „schnell – gute Qualität!" Die DVD-Brennstube ist ein gelungenes Beispiel für Fortschritt im Kleinen. Im Hintergrund ist der Kessel aus Beton zu sehen, in dem früher Schnaps gebrannt wurde – heute stellt der Brauer mit der gleichen Anlage Eins-a-Silberscheiben her.

⊙⟶ Eva Betz

Belgien, Saint-Hubert ●—→ Raymond Widawski

↑ BELGIEN, SAINT-HUBERT: Manche Schilder hätte man lieber nicht gesehen. Auf diesem Foto erblickt man einen sehr grünen Rasen und ein sehr schlichtes Schild. Auf dem Schild steht, dass ein Gebäude verschwunden ist. Das ist seltsam genug. Aber warum wird auf diesen mysteriösen Sachverhalt auch noch explizit hingewiesen? Eine gruselige Wiese, ein gruseliges Schild.

Marokko, Fès ⊙—→ Helga Vetter

↑ MAROKKO, FÈS: Über alberne Friseure kann man sich nicht oft genug aufregen. Wieso müssen Haarschneider sich als Künstler aufführen und ihren Salons affige Namen wie „Philhaar-monie" geben? Wieso müssen sie in Klatschmagazinen Tipps geben und herumlaufen wie König Ludwig von Bayern? Da ist man er-leichtert, diesen bescheidenen Barbier in Marokko zu entdecken, der einfach mit einem Kamm und einer Schere wirbt.

←BULGARIEN, PIRIN-GEBIRGE: Auf den Vihren erwartet der Besucher ja eigentlich breit ausgebaute Autobahnen, die Tag und Nacht beleuchtet und beheizt sind. Wie sollte man sonst auf 2800 Metern Höhe mit seinem Auto über den Grat rasen? Aber Achtung, die Ausbaustrecke ist irgendwann zu Ende, dann geht die Autobahn in einen engen Klettersteig mit wackliger Drahtseilversicherung über.

⊙⟶ Dominik Over

Deutschland, Köln ⊙—→ Alexander Kaiser

↑ DEUTSCHLAND, KÖLN: Für jeden Deppen gibt es mittlerweile schon ein Denkmal. Was ist aber mit dem kleinen Mann auf der Straße? Nein, nicht Napoleon, der kleine Despot, für den es jede Menge Monumente auf allen möglichen Straßen gibt. Sondern der unberühmte Durchschnittsdeutsche, der unbeliebte Nörgler, der unbekannte Spießer? Genau der wird in Köln geehrt.

it's only Rock'n'Roll

Deutschland, Schleswig-Holstein ⊙—→ Ilse D.

↑ DEUTSCHLAND, SCHLESWIG-HOLSTEIN: Der große Philosoph Neil Young postulierte: „Hey hey, my my, Rock 'n' Roll can never die." Das mag aus Sicht eines alten Rockers Hand und Fuß haben, zumindest bis zu dessen Tod. Aber wie ist dann der Grabstein zu erklären, auf dem kein Name steht, sondern nur „It's only Rock 'n' Roll?" Entweder es liegt jemand anders im Grab, oder der gute alte Rock 'n' Roll ist wirklich tot.

↑ ITALIEN, MANERBA: In diesem Dorf haben Autofahrer keine Probleme, einen kleinen Brunnen zu erreichen – aber was sollen sie dort? Sie könnten auch gegen die Wand fahren, ohne die Verkehrszeichen zu missachten. Schwierig wird es nur, um das Haus herumzukommen. Da hilft auch der Spiegel nichts. Seit Jahren wundern sich die Einwohner von Manerba, warum der Stau vor ihrem Ort immer länger wird.

⊙→ Hans-Jörg Zilles

Italien, Moniga ◉—→ Christian Dresel

↑ ITALIEN, MONIGA: Es ist eine mühselige Bastelarbeit für lange Winterabende, einen Miniatur-Viermaster samt Takelage in eine Flasche zu bekommen. Das Schiff in der Flasche ist ein Klassiker, aber wie bekommt man ein Auto in die Flasche? Die Italiener, schon immer Meister der Verschönerung, haben es nun geschafft, einen Fiat zu verflüssigen und in eine Weinflasche abzufüllen. Nur das Logo erinnert noch an die Autofirma.

Polen, Wyreba ⊙→ Peter Chemnitz

↑ POLEN, WYREBA: Ufos haben in Wyreba seit dem 2. August 1979 Vorfahrt. Damals fuhren zwei Westdeutsche auf der polnischen Autobahn nach Görlitz in der ehemaligen DDR. Kurz vor der Grenze beobachteten sie ein „merkwürdig geformtes Objekt", das auf sie zuflog und sich dann wieder von ihnen entfernte. An der Grenze angekommen, stellten sie fest, dass sie für die Strecke ein-einhalb Stunden länger benötigt hatten als sonst.

Schweden, Grums ⊙—→ Klaus Wäscher

Liebe Leser!

Wir sammeln weiter! Wenn Sie daheim oder unterwegs, im Kurzurlaub oder auf einer großen Reise skurrilen Schildern be-gegnen, können Sie uns Ihre persönlichen Fundstücke per Postoder per E-Mail schicken. Bitte geben Sie dabei auch Ihre Adresse und Telefonnummer an. Vielen Dank!

Post:

Langenscheidt Verlag,

Redaktion Multimediales Lernen,

Kennwort „Schilderwald",

Postfach 40 11 20, 80711 München

E-Mail:

schilderwald@langenscheidt.de, Betreff: Schilderwald